REZEPTKAPITEL

MARTIN KINTRUP

Im Studium emanzipiert man sich von der Familie und entwickelt eine eigene Esskultur, findet Kochbuchautor Martin Kintrup. Immer öfter landen dann vegane Gerichte auf dem Teller – am liebsten einfach, fix und alltagstauglich!

Warum öfter mal vegan?

Dank innovativer Köche, einer steigenden Anzahl spannender Restaurants und jeder Menge genialer Streetfood-Trucks hat sich die vegane Küche schon längst von allen negativen Klischees befreit. Nun ist glasklar, dass man sich rein pflanzlich abwechslungsreich, ausgewogen und vor allem superlecker ernähren kann. Ganz nebenbei tut man dabei auch noch etwas für Umwelt, denn pflanzliche Lebensmittel haben fast immer eine deutlich bessere Ökobilanz als ihre tierischen Pendants. Darum gilt es, tierische Lebensmittel zu reduzieren oder gleich ganz vom Speiseplan zu verbannen: Allerlei leckere Ideen dazu finden Sie in diesem Buch.

Ist »vegan kochen« kompliziert?

Nein, es ist ganz easy! Mit ein paar Tricks, den richtigen Zutaten, etwas Know-how und ein paar wenigen Küchengeräten wie Pürierstab, Salatschleuder oder Waffeleisen stehen im Handumdrehen leckere Gerichte auf dem Tisch! Nur wenige Nährstoffe – etwa Kalzium – sind in veganen Lebensmitteln relativ knapp. Die Gerichte in diesem Buch sind daher so konzipiert, dass es Dank guter pflanzlicher Kalziumquellen wie Tofu, Kichererbsen oder Brokkoli leicht fällt, sich ausreichend damit zu versorgen. Einzig Vitamin B12 und Vitamin D sollten regelmäßig überprüft und gegebenenfalls ergänzt werden.

Was macht ein gutes pflanzliches Gericht aus?

Die Formel für die ersten Semester heißt: minimaler Aufwand – maximaler Genuss! Trotz Highspeed in der Küche sollte das fertige Gericht durch abwechslungsreiche Textur und genialen Geschmack beim Essen Spaß bereiten, für ein wohliges Gefühl im Magen sorgen und im Zusammenspiel aller Komponenten echte Glücksgefühle auslösen.

NUDELSALAT MIT 5 ZUTATEN

200 g Fusilli in Salzwasser nach Packungsanweisung garen.

100 g getrocknete Tomaten samt Öl fein hacken.

2 EL Pinienkerne in einer Pfanne hellbraun anrösten.

50 g Rucola waschen, trocken schleudern und grob hacken.

Alles in einer Schüssel mit 3 EL süßem Balsamico-Essig (vegan) mischen.

Mit Salz und Pfeffer abschmecken.

Wir können daraus auch einen Linsensalat machen! Dann statt Nudeln 1 Dose Linsen (ca. 425 g) abtropfen lassen.

POWER-FRÜHSTÜCK

Für 2 Personen • 25 Min. Zubereitung • Pro Portion ca. 870 kcal, 20 g E, 44 g F, 98 g KH

BREAKFAST-WAFFLE-CUPS

SOMMER-REZEPT

125 g Dinkelmehl (Type 630)
6 EL Mehrkornflocken
1 TL Backpulver
60 g Kokosöl
60 g Zucker
3 Prisen Zimtpulver
Salz
175 ml Sojadrink
125 g Erdbeeren
1 Riegel vegane Zartbitter-Schokolade
250 g vegane Joghurtalternative

AUSSERDEM

Waffeleisen
Kokosöl zum Fetten

1 In einer Schüssel das Mehl mit 2 EL Mehrkornflocken und dem Backpulver vermischen. In einer weiteren Schüssel das Kokosöl, den Zucker sowie je 1 Prise Zimt und Salz mit den Rührbesen des Handrührgeräts glatt rühren. Abwechselnd die trockenen Zutaten und den Sojadrink portionsweise unterrühren, bis ein glatter Teig entstanden ist. Teig kurz quellen lassen.

2 Das Waffeleisen erhitzen, die Backflächen mit etwas Kokosöl einfetten. Eine Kelle Teig auf dem Eisen verteilen, schließen und backen, bis die Waffel leicht gebräunt ist. Vorsichtig mit einer Gabel aus dem Waffeleisen heben, dann in eine kleine Müslischale drücken, sodass eine kleine Waffelschale entsteht. Lauwarm abkühlen lassen. Inzwischen die weiteren Waffeln in gleicher Weise backen und ebenfalls in eine Müslischale drücken. Ausgehärtete Waffeln herausnehmen.

3 Erdbeeren waschen, vom Stielansatz befreien und halbieren oder in Scheiben schneiden. Schokolade fein hacken. Die fest gewordenen Waffelschälchen auf Teller setzen und füllen. Dazu zuerst den Joghurt hineingeben, dann restliche Mehrkornflocken, Erdbeeren und gehackte Schokolade darauf verteilen. Mit etwas Zimtpulver bestreuen und genießen.

Für 2 Personen • 15 Min. Zubereitung • Pro Portion ca. 635 kcal, 21 g E, 26 g F, 76 g KH

HIRSE-PORRIDGE MIT PEKANNÜSSEN

EINFACH

50 g Hirseflocken • 50 g zarte Haferflocken • 600 ml Sojadrink • 2 EL Ahornsirup • 1 Pck. Bourbon-Vanillezucker • Salz • 2 EL Cashew-Mus • 1 Banane • 80 g Heidelbeeren • 2 EL Pekannusskerne • 2 EL getrocknete Cranberrys

1 Die Flocken im Blitzhacker fein zermahlen. In einem kleinen Topf mit Sojadrink, 1 EL Ahornsirup, Vanillezucker und 1 Prise Salz aufkochen und unter Rühren bei schwacher bis mittlerer Hitze ca. 3 Min. köcheln lassen. Vom Herd nehmen, das Cashew-Mus unterrühren. Mit Salz abschmecken und auf zwei tiefe Teller verteilen.

2 Banane schälen, in Scheiben schneiden. Die Heidelbeeren abbrausen. Pekannusskerne grob zerbröckeln. Porridge mit dem restlichen Ahornsirup beträufeln, Bananenscheiben und Heidelbeeren darauf anrichten. Mit Cranberrys und Pekannüssen bestreuen, noch warm genießen.

Für 2 Personen • 10 Min. Zubereitung • Pro Portion ca. 745 kcal, 9 g E, 50 g F, 62 g KH

SMOOTHIE-BOWL

FRUCHTIG

250 g Himbeeren (ersatzweise TK) • 2 Bananen • 250 g vegane Joghurtalternative Kokos • 4 EL zarte Haferflocken • 1 EL Ahornsirup • 1 EL Zitronensaft • 4 EL Kokos-Chips • 1 Riegel vegane weiße Schokolade • 2 TL Haselnusskrokant

1 Die frischen Himbeeren kurz abbrausen und trocken tupfen, TK-Himbeeren antauen lassen. Die Bananen schälen und in Scheiben schneiden. 200 g Himbeeren und die Hälfte der Bananenscheiben zusammen mit dem Joghurt, 2 EL Haferflocken, Ahornsirup und Zitronensaft pürieren. Den Smoothie auf Schalen verteilen.

2 Übrige Bananenscheiben halbkreisförmig auf den Smoothies anrichten. Die Kokos-Chips leicht zerbröckeln, die Schokolade fein hacken. Beides mit den übrigen Haferflocken auf die Bowls häufen. Übrige Himbeeren und den Krokant darüber streuen und die Bowls sofort genießen.

Für 2 Personen • 10 Min. Zubereitung • 12 Std. Quellen • Pro Portion ca. 520 kcal, 13 g E, 20 g F, 58 g KH

BRAZILIAN OVERNIGHT-OATS

EXOTISCH

100 g Müsli (z. B. Nussmüsli) • 125 g Sojaghurt • 125 ml gelber Fruchtsmoothie (Fertigprodukt) • 1 EL Limettensaft • 1 EL Ahornsirup • 1 EL Cashew-Mus • 1 TL Bourbon-Vanillezucker • 125 g Mangofruchtfleisch • 2 EL gesalzene, geröstete Cashewkerne • 2 Twist-off-Gläser (à 400 ml Inhalt)

1 Am Vorabend Müsli, Sojaghurt, Smoothie, Limettensaft, Ahornsirup, Cashew-Mus und Vanillezucker verrühren und in die Gläser füllen. Verschließen und über Nacht kalt stellen.

2 Am nächsten Morgen die Mango fein würfeln, die Cashewkerne grob hacken. Beides über die Oats streuen und diese sofort genießen oder die Gläser wieder verschließen und mitnehmen.

Für 2 Personen • 15 Min. Zubereitung • 12 Std. Einweichen • Pro Portion ca. 570 kcal, 13 g E, 29 g F, 60 g KH

CHAI-SPICE-BIRCHERMMÜSLI

GUT VORZUBEREITEN

80 g Müsli (z. B. Nussmüsli) • 250 g vegane Joghurtalternative • 200 ml Mandeldrink • 3 EL Ahornsirup • Chai-Gewürz-Pulver • 1 säuerlicher Apfel (z. B. Boskop) • 1 EL Kokosöl • 100 g Weintrauben • 2 EL Nussmix

1 Am Vorabend Müsli, Joghurt, Mandeldrink und 2 EL Ahornsirup in einer Schüssel verrühren. 1 TL Chai-Gewürz unterrühren. Zugedeckt über Nacht im Kühlschrank durchziehen lassen.

2 Am nächsten Tag den Apfel waschen, vierteln, entkernen und in Spalten schneiden. Kokosöl, übrigen Ahornsirup und 1 Prise Chai-Gewürz in einer Pfanne erhitzen, Apfelspalten darin 2–3 Min. andünsten. Weintrauben waschen.

3 Die Müslimischung auf zwei Schalen verteilen. Apfelspalten, Trauben und Nüsse darauf anrichten, mit je 1 Prise Chai-Gewürz garnieren.

Für 2 Personen • 20 Min. Zubereitung • 12 Std. Gehen • Pro Portion ca. 325 kcal, 13 g E, 12 g F, 39 g KH

OVERNIGHT-CHIA-PANCAKES

KLASSIKER-UPDATE

100 ml Sojadrink
1 TL Trockenhefe
1 TL Zucker
100 g Dinkelmehl (Type 630)
Salz
100 g Sojaghurt
2 TL Cashew-Mus
1 EL Chia-Samen
Öl zum Braten

1 Am Vorabend Sojadrink, Hefe und Zucker in eine Schüssel geben und glatt rühren. In einer weiteren Schüssel das Mehl und 1 Prise Salz mischen. Hefemischung, Sojaghurt, Cashew-Mus und Chia-Samen dazugeben und alles zu einem glatten Teig verrühren. Teig zugedeckt in den Kühlschrank geben und über Nacht gehen lassen.

2 Am nächsten Tag 1 EL Öl in einer beschichteten Pfanne erhitzen. In mehreren Portionen 8 Pancakes backen. Dazu jeweils 2 EL Teig in die Pfanne setzen und kreisrund verteilen. Von beiden Seiten in ca. 3 Min. goldbraun backen. Auf Küchenpapier entfetten. Für die weiteren Portionen jeweils noch etwas Öl in die Pfanne geben.

3 Die Pancakes können süß, beispielsweise mit Marmelade, Nussmus, Beeren und Ahornsirup, oder herzhaft, etwa mit verschiedenen Aufstrichen, Dips und Antipastigemüse, serviert werden.

Für 8 Muffins • 20 Min. Zubereitung • 25 Min. Backen • Pro Stück ca. 370 kcal, 5 g E, 17 g F, 48 g KH

BREAKFAST-MUFFINS

ZUM BRUNCH

70 g Möhren
100 g vegane Margarine
200 g Mehl
140 g Puderzucker
2 TL Backpulver
½ TL Zimtpulver
Salz
200 g Apfelmus
60 g gemahlene Haselnusskerne
8 EL Müsli (z. B. Nussmüsli)
1 EL Zitronensaft

AUSSERDEM

12er-Muffinform
8 Muffin-Papierförmchen

1 Backofen auf 180° vorheizen. Die Muffinform mit acht Papierförmchen auslegen. Die Möhren schälen, fein raspeln. Margarine schmelzen. Mehl, 80 g Puderzucker, Backpulver, Zimtpulver und 1 Prise Salz in einer Schüssel mischen. Apfelmus und flüssige Margarine in die Schüssel geben und alles zu einem glatten Teig verrühren. Möhrenraspel und gemahlene Haselnüsse unterheben.

2 Den Teig auf die Papierförmchen verteilen und mit je 1 EL Müsli bestreuen. Die Muffins im heißen Ofen (Mitte) 20–25 Min. backen, bis sie gut gebräunt und durchgebacken sind. Herausnehmen, aus der Form lösen und auf einem Gitter abkühlen lassen.

3 Den restlichen Puderzucker mit dem Zitronensaft verrühren, bis eine dickflüssige Konsistenz erreicht ist. Die abgekühlten Muffins mit dem Zuckerguss beträufeln, diesen fest werden lassen. Bis zum Verzehr in einer Plätzchenbox aufbewahren.

24G
Nav Jyoti

Für 2 Personen • 20 Min. Zubereitung • Pro Portion ca. 460 kcal, 20 g E, 17 g F, 56 g KH

BANH-MI-STYLE-SANDWICH

VIETNAMESISCH

3 EL vegane Mayonnaise
1 EL Sriracha-Sauce
4 Scheiben Mehrkornbrot
100 g Möhren
1 EL Weißweinessig
Salz
50 g Salatgurke
4 dünne Scheiben Süßkartoffel
100 g Seitan
2 TL Öl
1 EL Sojasauce
1 Kästchen Kresse (nach Belieben)

1 Den Backofen auf 160° (Umluft) vorheizen. Mayonnaise und Sriracha-Sauce in einer kleinen Schale verrühren, dann die Brotscheiben damit bestreichen. Die Möhren schälen und in eine Schüssel raspeln. Mit dem Essig vermischen und mit Salz würzen. Die Gurke waschen und in Scheiben schneiden.

2 Je zwei Süßkartoffelscheiben in einem Toasterfach hochkant nebeneinander stellen und ca. dreimal toasten, bis sie leicht gebräunt und gar sind. Das Brot auf dem Rost im vorgeheizten Backofen ca. 5 Min. aufbacken. Seitan in Scheiben schneiden. Das Öl in einer Pfanne erhitzen und den Seitan von beiden Seiten anbraten. Mit der Sojasauce ablöschen.

3 Je zwei Scheiben geröstetes Brot mit den Süßkartoffel- und Gurkenscheiben belegen. Den Seitan darauf verteilen, mit den Möhrenraspeln belegen. Nach Belieben Kresse vom Beet schneiden und darüberstreuen. Die übrigen Brotscheiben darauflegen und die Sandwiches genießen.

Für 2 Personen • 20 Min. Zubereitung • Pro Portion ca. 540 kcal, 25 g E, 42 g F, 14 g KH

BREAKFAST-BOWL MIT RÜHRTOFU

HERZHAFT

400 g Seidentofu
2 Prisen Kala Namak
½ TL gemahlene Kurkuma
2 TL Speisestärke
Salz
2 EL Olivenöl
1 kleine rote Zwiebel
250 g Kirschtomaten
4 Stängel Basilikum
2 EL Aceto balsamico
Pfeffer
1 kleine Avocado

GUT ZU WISSEN
Das Anbraten des Seidentofus braucht etwas Geduld. Damit er außen schön gebräunt und innen weich ist, sollte er nur hin und wieder gewendet und in der Pfanne verteilt werden.

1 Tofu in einem Sieb abtropfen lassen, dann auf einem tiefen Teller in grobe Stücke zerteilen. Mit Kala Namak, Kurkuma und Speisestärke bestäuben, leicht salzen. Vorsichtig durchrühren, sodass die stückige Konsistenz erhalten bleibt.

2 1½ EL Olivenöl in einer beschichteten Pfanne erhitzen. Den Seidentofu darin verteilen und ohne Rühren 5 Min. anbraten. Dann vorsichtig wenden, es sollte sich schon eine hellbraune Kruste gebildet haben. Noch ca. 10 Min. weiter braten, dabei gelegentlich wenden, bis der Tofu rundherum eine schön hellbraune Kruste bekommen hat, aber innen noch weich ist.

3 Inzwischen die Zwiebel schälen und fein würfeln. Die Tomaten waschen, halbieren. Basilikum waschen und trocken tupfen, die Blätter abzupfen. Alles in eine Schale geben, mit dem Balsamico und dem restlichen Öl mischen, salzen und pfeffern.

4 Die Avocado halbieren und den Kern entfernen. Die Hälften schälen und der Länge nach in schmale Spalten schneiden. Den fertig gebratenen Rührtofu mit Salz und Pfeffer abschmecken. Avocadospalten, marinierte Tomaten und Rührtofu nebeneinander in zwei Schalen oder auf tiefen Tellern anrichten, Avocadoscheiben salzen und mit Pfeffer übermahlen. Sofort genießen! Dazu passt Mehrkornbrot, Toast oder Baguette.

EXTRASCHNELL SATT

Für 2 Personen • 20 Min. Zubereitung • Pro Portion ca. 760 kcal, 11 g E, 55 g F, 49 g KH

AVOCADO MIT BRUSCHETTA-FÜLLUNG

ITALIENISCH

1 kleine rote Zwiebel
4 EL Aceto balsamico
1 EL Zucker
Salz
Pfeffer
250 g bunte Kirschtomaten (rot, gelb und orange)
3 Stängel Basilikum
1 Knoblauchzehe
3 Scheiben Ciabatta
2 reife Avocados
3 EL Olivenöl
2 EL Zitronensaft

1 Für das Dressing die Zwiebel schälen und in kleine Würfel schneiden. Mit Balsamico und Zucker in einer Schüssel verrühren, salzen und pfeffern. Etwa 10 Min. ziehen lassen.

2 Die Tomaten waschen und halbieren. Basilikum waschen und trocken tupfen, Blätter abzupfen. Knoblauch schälen und in Scheiben, das Ciabatta in grobe Würfel schneiden. Die Avocados halbieren und den Kern entfernen. Die Vertiefungen jeweils mit einem Löffel etwas größer aushöhlen.

3 Eine Pfanne erhitzen, 2 EL Öl hineingeben. Die Brotwürfel darin in 5–7 Min. goldbraun rösten, dabei immer wieder wenden. Kurz vor Schluss die Knoblauchscheiben dazugeben und etwas mitrösten. Aus der Pfanne nehmen, die Pfanne säubern.

4 Restliches Öl (1 EL) in der Pfanne erhitzen und die Avocadohälften darin mit der Schnittfläche nach unten 1–2 Min. bei mittlerer Hitze anbraten, bis sie leicht gebräunt sind.

5 Die Avocadohälften mit der Schnittfläche nach oben auf zwei Teller legen. Mit dem Zitronensaft einpinseln und mit Salz und Pfeffer würzen. Die Tomatenhälften und das geröstete Brot mit dem Zwiebeldressing mischen, Basilikum unterheben und den Salat in die Avocados füllen. Sofort servieren.

Für 2 Personen • 20 Min. Zubereitung • Pro Portion ca. 465 kcal, 23 g E, 31 g F, 21 g KH

CAESAR SALAD MIT RÄUCHERTOFU

KLASSIKER

3 EL vegane Mayonnaise
2 EL Zitronensaft
1 EL Hefeflocken
1 Prise Zucker (nach Belieben)
1 Knoblauchzehe
Salz
Pfeffer
1 großes Römersalatherz (ersatzweise 2 kleine)
250 g Kirschtomaten
1 kleines Bund Petersilie (nach Belieben)
200 g Räuchertofu
5 EL Öl
2 EL Sojasauce
½ längliches Brötchen (z. B. Baguettebrötchen, Laugen- oder Körnerstangen)

1 Mayonnaise, Zitronensaft, 1 EL Wasser, Hefeflocken und nach Belieben Zucker in einer Schale verrühren. Knoblauch schälen und dazu pressen. Mit Salz und Pfeffer abschmecken.

2 Das Salatherz entblättern. Die Blätter waschen, trocken schleudern und in breite Streifen schneiden. Tomaten waschen und halbieren. Nach Belieben Petersilie waschen und trocken schütteln, die Blätter abzupfen. Den Tofu grob würfeln.

3 Tofu in 1 EL heißem Öl rundherum goldbraun anbraten. Mit Sojasauce ablöschen, Tofu damit überziehen. Aus der Pfanne nehmen. Die Pfanne säubern, dann 4 EL Öl darin erhitzen. Das Brötchen in dünne Scheiben schneiden und im heißen Öl beidseits knusprig braun anrösten. Auf Küchenpapier entfetten.

4 Salat, Tomaten und nach Belieben Petersilienblätter mit dem Dressing mischen. Brotscheibchen untermischen und alles auf Teller verteilen. Tofu darüber streuen und genießen.

Für 2 Personen • 20 Min. • Pro Portion ca. 585 kcal, 12 g E, 21 g F, 87 g KH

GNOCCHI-SALAT MIT PINIENKERNEN

ITALIENISCH

½ Scheibe Weißbrot vom Vortag
3 EL Olivenöl
2 EL Pinienkerne
Salz
Pfeffer
Cayennepfeffer (nach Belieben)
400 g vegane Gnocchi (aus dem Kühlregal)
250 g Kirschtomaten
1 kleine rote Zwiebel
50 g Pflücksalat
4 Stängel Basilikum
2 EL Weißweinessig
1 TL Zucker

1 Für den Crunch das Weißbrot fein würfeln. 1 EL Öl in einer Pfanne erhitzen, Brotwürfel und Pinienkerne darin rundherum anrösten. Mit Salz, Pfeffer und nach Belieben etwas Cayennepfeffer würzen. Dann herausnehmen und die Pfanne säubern. Erneut 1 EL Öl darin erhitzen, die Gnocchi hineingeben und in ca. 8 Min. rundherum goldbraun und knusprig anbraten, dabei hin und wieder wenden.

2 Kirschtomaten waschen, halbieren. Die Zwiebel schälen und in feine Streifen schneiden. Den Salat waschen und trocken schleudern. Für das Dressing das Basilikum waschen, trocken schütteln und samt Stielen grob hacken. Dann mit Essig, restlichem Öl (1 EL) und Zucker fein pürieren. Mit Salz und Pfeffer abschmecken.

3 Die Gnocchi auf zwei tiefe Teller oder Schalen verteilen. Tomaten, Zwiebelstreifen und Salat etwas untermischen. Mit dem Dressing beträufeln und mit Pinienkerne-Crunch bestreut servieren.

Für 2 Personen • 20 Min. Zubereitung • Pro Portion ca. 700 kcal, 22 g E, 25 g F, 89 g KH

ONE-POT-PASTA MIT SPINAT

EINFACH

100 g Sojacreme
40 g Cashew-Mus
1 EL Sojasauce
Kala Namak (nach Belieben)
Salz
Pfeffer
1 Zwiebel
2 Knoblauchzehen
50 g getrocknete Tomaten (in Öl)
100 g Baby-Blattspinat
1 EL Öl
200 g Nudeln (mit 8 Min. Garzeit, z. B. Casarecce)
1 EL Aceto balsamico

1 Sojacreme, Cashew-Mus, Sojasauce und nach Belieben 1 Mini-Prise Kala Namak in einer Schüssel verrühren. Mit Salz und Pfeffer würzen. Zwiebel und Knoblauch schälen, die Zwiebel grob, den Knoblauch fein würfeln. Die getrockneten Tomaten in Streifen schneiden. Spinat verlesen, waschen und trocken schleudern.

2 In einem Topf das Öl erhitzen, die Zwiebelwürfel darin leicht anbräunen. Knoblauchwürfel, Tomatenstreifen und Nudeln dazugeben und kurz schwenken. Dann 600 ml kochendes Wasser hinzufügen, salzen und 6–7 Min. zugedeckt bei kleiner Hitze kochen lassen.

3 Die Creme unterrühren, den Spinat hinzufügen und zusammenfallen lassen. In der Zwischenzeit sollten die Nudeln bissfest gegart sein. Den Balsamico unterrühren. Die Pasta mit Salz und Pfeffer abschmecken, auf tiefe Teller verteilen und genießen.

GU
CLOU

Fertige Salate aus dem Kühlregal mit mediterranem, indischem oder orientalischem Touch lassen sich so ganz leicht in einen leckeren Auflauf verwandeln. Achte beim Einkauf darauf, dass keine unerwünschten Zusatzstoffe enthalten sind.

Für 2 Personen • 20 Min. Zubereitung • 15 Min. Backen • Pro Portion ca. 715 kcal, 27 g E, 31 g F, 74 g KH

BULGUR-GRATIN MIT CHILI-KOKOS-KRUSTE

EXOTISCH

400 g Zucchini
80 g getrocknete Tomaten (in Öl)
½ EL Zitronensaft
Salz
Pfeffer
250 g Bulgursalat (ersatzweise Couscous- oder Quinoasalat; vegan; aus dem Kühlregal)
1 rote Chilischote
2 EL Cashewkerne
2 EL Kokosraspel
½ TL Zucker
2 EL Semmelbrösel
2 EL Granatapfelkerne

AUSSERDEM

2 kleine Auflaufformen à ca. 12 × 20 cm (ersatzweiße 1 große Form à 20 × 20 cm)

1 Den Backofen auf 220° vorheizen. Die Zucchini putzen, waschen, längs vierteln und in dünne Scheiben schneiden. Die getrockneten Tomaten in feine Streifen schneiden.

2 In einer Pfanne 1 EL Tomatenöl erhitzen. Die Zucchiniwürfel darin rundherum ca. 3 Min. anbraten, dann mit dem Zitronensaft ablöschen, salzen und pfeffern. Tomaten und Bulgursalat untermischen. Die Mischung auf die Förmchen verteilen.

3 Chilischote waschen, längs halbieren, weiße Trennwände und Kerne entfernen. Die Hälften grob würfeln. Cashewkerne, Kokosraspel und Chili mit dem Zucker sowie etwas Salz und Pfeffer im Blitzhacker zermahlen. Semmelbrösel untermischen.

4 Chili-Kokos-Mix über den Bulgur streuen. Bei 220° im heißen Backofen (Mitte) 12 Min. backen, bis die Kruste leicht gebräunt ist. Die fertigen Gratins aus dem Ofen nehmen, mit Granatapfelkernen bestreuen und heiß servieren.

Für 2 Personen • 30 Min. Zubereitung • Pro Portion ca. 505 kcal, 15 g E, 15 g F, 73 g KH

MAROKKANISCHER COUSCOUSTOPF

AROMATISCH

150 g Möhren
1 gelbe Paprika
1 rote Zwiebel
50 g gemischte Oliven (entsteint)
200 g gegarte Kichererbsen (im Beutel)
2 EL Öl
2 TL Ras el Hanout
2 EL Zucker
1 Dose stückige Tomaten (400 g)
2 EL Zitronensaft
Salz, Pfeffer
70 g Couscous
4 Stängel Petersilie (nach Belieben)

1 Möhren schälen, in Scheiben schneiden. Paprika waschen, längs halbieren, Stielansatz, Trennwände und Kerne entfernen. Die Hälften würfeln. Zwiebel schälen, fein würfeln, die Oliven halbieren. Kichererbsen in ein Sieb abgießen, kalt abspülen und abtropfen lassen.

2 In einem Topf das Öl erhitzen. Das Gemüse darin offen ca. 5 Min. bei mittlerer Hitze andünsten. Ras el Hanout und Zucker hinzufügen und kurz mitdünsten. Dann stückige Tomaten, 400 ml Wasser, Kichererbsen, Oliven und 1 EL Zitronensaft dazugeben, alles aufkochen und zugedeckt weitere 5 Min. bei kleiner Hitze kochen lassen.

3 Den Eintopf salzen und pfeffern, Couscous unterrühren. Zugedeckt bei kleinster Hitze ca. 6 Min. ziehen lassen. Die Petersilie waschen, trocken schütteln und die Blättchen abzupfen. Den Eintopf mit restlichem Zitronensaft, Salz und Pfeffer abschmecken, nach Wunsch mit Petersilie garnieren und auf Teller verteilen.

Für 2 Personen • 25 Min. Zubereitung • Pro Portion ca. 445 kcal, 11 g E, 10 g F, 77 g KH

CURRY-NUDELSUPPE MIT ERDNUSS

THAILÄNDISCH

125 g Reisnudeln
1 kleine Zwiebel
2 Knoblauchzehen
1 Stück Ingwer (0,5 cm lang)
1 rote Paprika
200 g Kokosmilch
1 ½ EL rote Currypaste
Salz
1 ½ EL brauner Zucker
2 Frühlingszwiebeln
2 EL Erdnusskerne (geröstet und gesalzen)
1 EL Limettensaft
Pfeffer

1 Nudeln nach Packungsanweisung zubereiten. In der Zwischenzeit Zwiebel, Knoblauch und Ingwer schälen, fein würfeln. Die Paprika waschen, längs halbieren, Stielansatz, weiße Trennwände und Kerne entfernen. Die Hälften in dünne Streifen schneiden.

2 Zwiebelwürfel in 3 EL Kokosmilch andünsten. Paprikastreifen und Knoblauch mit etwas Kokosmilch hinzufügen und 3 Min. mitdünsten. Currypaste und Ingwer 1 weitere Min. mitdünsten, bis es duftet. Dann 600 ml Wasser und die übrige Kokosmilch angießen, salzen, nach Belieben zuckern und alles offen 6–8 Min. köcheln.

3 Frühlingszwiebeln putzen, waschen und samt frischem Grün in Ringe schneiden. Die Erdnusskerne hacken. Limettensaft und Frühlingszwiebeln in die Suppe rühren, diese 1 Min. ziehen lassen. Mit Salz und Pfeffer abschmecken. Abgetropfte Nudeln auf Suppenschalen verteilen, mit Suppe übergießen und mit Erdnüssen bestreuen.

Für 2 Personen • 20 Min. Zubereitung • Pro Portion ca. 490 kcal, 22 g E, 20 g F, 56 g KH

TERIYAKI-SCHIFFCHEN

JAPANISCH

1 Kopf Salat
200 g Zucchini
1 rote Paprika
200 g Tofu
4 Frühlingszwiebeln
1 EL Öl
2 EL Sesam
Salz
Pfeffer
2 TL Zucker
1 ½ EL Limettensaft
6 EL vegane Teriyaki-Sauce
250 g Minuten-Reis

TAUSCH-TIPP

Statt mit Kopfsalat schmeckt das Gericht auch mit den etwas herberen Radicchio- oder Chicoréeblättern.

1 Salat zerpflücken, 12 schöne Blätter waschen, trocken schleudern. Den restlichen Salat anderweitig verwenden.

2 Zucchini waschen, längs vierteln und in Scheiben schneiden. Paprika waschen, halbieren, Stielansatz, weiße Trennwände und Kerne entfernen. Die Hälften in Würfel schneiden. Tofu ebenfalls würfeln. Frühlingszwiebeln putzen, waschen und mitsamt dem frischen Grün in Ringe schneiden.

3 Das Öl in einer Pfanne erhitzen, Tofu- und Paprikawürfel darin rundum ca. 6 Min. anbraten, bis beides leicht gebräunt ist. Zucchini dazugeben und 2 Min. mitbraten, dann den Sesam ebenfalls kurz mitbraten. Mit Salz und Pfeffer würzen.

4 Den Zucker hinzufügen und leicht karamellisieren lassen, dann mit dem Limettensaft ablöschen. Teriyaki-Sauce und Frühlingszwiebelringe dazugeben und kurz mitköcheln. Zum Schluss alles mit Salz und Pfeffer abschmecken.

5 Den Reis nach Packungsanweisung erhitzen. Salatblätter, Reis und den Gemüse-Tofu-Mix auf Teller verteilen. Bei Tisch je einen Klecks Reis und Gemüse-Tofu-Mix auf ein Salatblatt geben, dieses zusammenfalten und aus der Hand snacken.

Für 2 Personen • 25 Min. Zubereitung • Pro Portion ca. 655 kcal, 20 g E, 25 g F, 88 g KH

ZUCCHINI-MÖHREN-CURRY

INDISCH

150 g Basmati-Reis
Salz
150 g Möhren
150 g Zucchini
100 g Tofu
1 EL Öl
4 EL Cashewkerne
1 EL milde Currypaste
200 g Kokosmilch
2 TL Zucker
100 g Mangofruchtfleisch
½ TL Chiliflocken
½ EL Zitronensaft

1 Den Reis in ein Sieb geben und kalt abbrausen, bis das ablaufende Wasser klar bleibt. In einen Topf umfüllen, 225 ml Wasser angießen und leicht salzen. Den Reis aufkochen und zugedeckt bei kleiner bis mittlerer Hitze ca. 6 Min. garen. Dann vom Herd ziehen und 10 Min. quellen lassen.

2 Möhren schälen und in Scheiben schneiden. Den Zucchino waschen und ebenso wie den Tofu würfeln. Das Öl in einer Pfanne erhitzen, die Cashewkerne darin anrösten, bis sie leicht gebräunt sind. Die Hälfte aus der Pfanne nehmen.

3 Die Currypaste in die Pfanne geben und kurz mit anrösten. Kokosmilch und 200 ml Wasser angießen, etwas salzen und nach Belieben zuckern. Die Möhren hinzufügen, alles zum Kochen bringen und ca. 4 Min. bei kleiner Hitze köcheln lassen.

4 Nun die Zucchini und den Tofu dazugeben und in weiteren 5–6 Min. weich garen. Währenddessen die Mango in feine Würfel schneiden und mit den Chiliflocken mischen. Zuletzt den Zitronensaft unter das Curry rühren, mit Salz abschmecken.

5 Den Reis auflockern. Das Curry mit dem Reis servieren. Mangowürfel und restliche Cashewkerne darüberstreuen.

GECHILLT KOCHEN

Für 2 Personen • 20 Min. Zubereitung • 20 Min. Backen • Pro Portion ca. 655 kcal, 20 g E, 25 g F, 88 g KH

NUDELGRATIN MIT AUBERGINE UND KNUSPERKRUSTE

AROMATISCH

250 g Aubergine
2 EL Olivenöl
50 g Oliven (entsteint)
1 rote Zwiebel
1 Knoblauchzehe
3 TL getrocknete Kräuter der Provence
2 EL Mango-Chutney (aus dem Glas)
1 Dose stückige Tomaten (400 g)
Salz
Pfeffer
250 g vegane Ravioli (ersatzweise Tortellini; aus dem Kühlregal)
4 EL Panko (asiat. Semmelbrösel)

AUSSERDEM
2 kleine Auflaufformen à ca. 12 × 20 cm (ersatzweise 1 große Form à 20 × 20 cm)

1 Die Aubergine waschen und in dünne Scheiben schneiden, diese vierteln. 1 ½ EL Olivenöl in einer Pfanne erhitzen. Die Auberginenscheibchen darin rundherum ca. 7 Min. anbraten, bis sie leicht gebräunt und etwas weicher sind.

2 In der Zwischenzeit den Backofen auf 200° vorheizen. Die Oliven halbieren. Zwiebel und Knoblauch schälen, fein würfeln. 1 EL Zwiebelwürfel für das Topping abnehmen. Übrige Zwiebel- und Knoblauchwürfel sowie 2 TL Kräuter der Provence zu den Auberginen in die Pfanne geben und kurz mitbraten.

3 Mango-Chutney, stückige Tomaten, Oliven und 250 ml Wasser hinzufügen, alles salzen, zum Kochen bringen und noch etwa 2 Min. köcheln lassen. Mit Salz und Pfeffer abschmecken. Die Ravioli unterrühren. Die Mischung in die Formen verteilen.

4 Panko mit restlichen Kräutern der Provence, den beiseitegelegten Zwiebelwürfeln und ½ EL Olivenöl mischen. Mit Salz und Pfeffer würzen. Die Gratins mit der Mischung bestreuen und im heißen Backofen (Mitte) ca. 20 Min. backen, bis die Kruste gut gebräunt ist. Etwas abkühlen lassen und genießen.

Für 2 Personen • 25 Min. Zubereitung • 1 Std. 15 Min. Backen • Pro Portion ca. 765 kcal, 19 g E, 21 g F, 121 g KH

GEFÜLLTE SÜSSKARTOFFELN MIT KICHERERBSENGEMÜSE

GUT VORZUBEREITEN

2 Süßkartoffeln (à 400 g)
1 kleine Möhre
1 gelbe Paprika
1 kleine Zwiebel
1 Knoblauchzehe
200 g Kirschtomaten
3 EL Olivenöl
2 TL Zucker
Salz
Pfeffer
1 Glas Kichererbsen in Tomatensauce (350 g)
½ TL gemahlener Kreuzkümmel
1 EL Zitronensaft
Cayennepfeffer (nach Belieben)

1 Den Backofen auf 200° vorheizen. Die Süßkartoffeln gründlich waschen, dann rundum mit einer Gabel mehrmals tief einstechen und auf ein Backblech legen. Im heißen Ofen (Mitte) ca. 1 Std. 15 Min. garen, dabei einmal wenden. Wenn sich die Süßkartoffeln leicht mit einem Messer einstechen lassen und auf Druck weich nachgeben, sind sie gar.

2 Inzwischen die Möhre schälen. Paprika waschen, halbieren, Stielansatz, weiße Trennwände und Kerne entfernen. Paprikahälften und Möhre in kleine Würfel schneiden. Zwiebel und Knoblauch schälen, fein würfeln. Tomaten waschen, halbieren.

3 In einem Topf das Öl erhitzen. Zwiebel und Möhre bei kleiner bis mittlerer Hitze ca. 8 Min. andünsten. Paprika und Knoblauch dazugeben und 5 Min. mitdünsten. Tomaten und nach Belieben den Zucker unterrühren, alles salzen und pfeffern. Weitere 5 Min. offen bei kleiner Hitze köcheln lassen.

4 Anschließend die Kichererbsen, den Kreuzkümmel und ½ EL Zitronensaft unterrühren. Noch etwas köcheln lassen, dann mit Salz, Pfeffer, gegebenenfalls noch etwas Zitronensaft und nach Belieben etwas Cayennepfeffer abschmecken.

5 Fertig gegarte Süßkartoffeln aus dem Ofen nehmen, auf Teller verteilen, längs aufschneiden und das Innere leicht mit einer Gabel durchmischen. Kichererbsengemüse samt Sauce auf die Süßkartoffeln häufen und sofort genießen.

Für 2 Personen • 25 Min. Zubereitung • Pro Portion ca. 510 kcal, 28 g E, 17 g F, 62 g KH

LINSEN-DAL MIT BROKKOLI

INDISCH

1 Zwiebel
2 Knoblauchzehen
1 Stück Ingwer (0,5 cm lang)
1 Möhre (ca. 100 g)
2 ½ TL Currypulver
200 g Kokosmilch
125 g rote Linsen
250 g Brokkoli
Salz
1 EL Öl
2 EL Cashewkerne
2 EL Zitronensaft
Pfeffer
1 TL Zucker

1 Zwiebeln, Knoblauch und Ingwer schälen, fein würfeln. Die Möhre schälen und in dünne Scheiben schneiden. 1 TL Knoblauchwürfel beiseitestellen, übrige Zutaten mit 250 ml Wasser, 2 TL Currypulver, Kokosmilch und Linsen in einen Topf geben, zum Kochen bringen und zugedeckt bei kleiner Hitze 10 Min. köcheln lassen.

2 Brokkoli waschen, in Röschen teilen und diese in 1 l kochendem Salzwasser ca. 5 Min. garen. In ein Sieb abgießen, kalt abschrecken und abtropfen lassen. In einer Pfanne das Öl erhitzen. Cashewkerne und restlichen Knoblauch darin anrösten, Brokkoliröschen hinzufügen und kurz schwenken, bis sie warm sind. Mit übrigem Curry und ½ EL Zitronensaft würzen, salzen und pfeffern.

3 Übrigen Zitronensaft und Zucker unter das Dal mischen, dann alles noch 2–3 Min offen rühren, mit Salz und Pfeffer abschmecken und auf Schalen verteilen. Brokkoli-Cashew-Mix darüber streuen.

Für 2 Personen • 40 Min. Zubereitung • Pro Portion ca. 490 kcal, 14 g E, 25 g F, 41 g KH

FALAFELBURGER

ORIENTALISCH

2 kleine rote Zwiebeln
½ Pck. Falafelpulver (85 g)
3 EL vegane Mayonnaise
1 EL Tahin (Sesampaste)
1 EL Zitronensaft
Salz
Pfeffer
1 Tomate
1 Stück Salatgurke
2 Burger-Buns
4 EL Rote-Bete-Hummus (aus dem Kühlregal)
80 g Krautsalat (aus dem Kühlregal)

1 Zwiebeln schälen, eine fein würfeln, die andere in Ringe schneiden. Zwiebelwürfel in einer Schüssel mit Falafelpulver und 130 ml kochendem Wasser vermischen. 15 Min. quellen lassen. Mayonnaise, Tahin und Zitronensaft verrühren, mit Salz und Pfeffer würzen. Tomate und Gurke waschen, beides in Scheiben schneiden.

2 Backofen auf 100° (Umluft) vorheizen. Eine beschichtete Pfanne erhitzen. Buns halbieren und auf dem Rost im heißen Backofen (Mitte) in 6–8 Min. leicht knusprig aufbacken. Die Falafelmasse mit befeuchteten Händen zu Burger-Pattys formen und in der heißen Pfanne in ca. 8 Min. von beiden Seiten goldbraun backen.

3 Buns aus dem Ofen nehmen, mit Sesam-Mayo bestreichen. Die unteren Hälften mit Gurken und Zwiebelringen belegen. Pattys daraufgeben, mit Hummus bestreichen, mit Tomatenscheiben belegen und den Krautsalat darauf häufen. Obere Bun-Hälften auflegen.

Für 2 Personen • 25 Min. Zubereitung • 12 Std. Abtropfen • Pro Portion ca. 480 kcal, 18 g E, 28 g F, 35 g KH

BRATKARTOFFELN MIT RADIESCHEN-SOYTZIKI

HAUSMANNSKOST

1 kg Sojaghurt
2 EL Kürbiskerne
110 ml Öl
500 g Pellkartoffeln (vom Vortag)
1 EL Zitronensaft
50 g Radieschen
1 TL getrockneter Dill
1 Knoblauchzehe
Salz
Pfeffer
1 kleines Bund Schnittlauch
½ TL Paprikapulver (nach Belieben; edelsüß, rosenscharf oder geräuchert)

GUT ZU WISSEN

Die Bratkartoffeln schmecken besonders würzig, wenn nach dem Abgießen des Öls noch je ½ TL Korianderkörner und Fenchelsamen sowie je 1 Prise Kreuzkümmel und Chiliflocken mitgebraten werden.

1 Am Vortag ein Sieb über einen Topf hängen und mit einem sauberen Geschirrtuch auslegen. Sojaghurt hineingeben, mit dem Tuch zudecken, mit einem Teller beschweren und etwa 12 Std. im Kühlschrank abtropfen lassen.

2 Am nächsten Tag die Kürbiskerne in einer Pfanne ohne Fett anrösten, dann herausnehmen und abkühlen lassen. In der Pfanne 100 ml Öl erhitzen. Die Kartoffeln schälen, in ca. 1 cm dicke Scheiben schneiden und diese im heißen Öl bei mittlerer Hitze unter gelegentlichem Wenden in ca. 6 Min. leicht anbräunen. Dann das Öl bis auf einen kleinen Rest abgießen. Die Kartoffelscheiben in weiteren 4 Min. goldbraun braten.

3 Sojaghurt in einer Schüssel mit Zitronensaft und restlichem Öl (10 ml) verrühren. Radieschen putzen, waschen und fein raspeln. Mit dem Dill unter den Sojaghurt rühren. Knoblauch schälen und dazupressen. Soytziki salzen und pfeffern.

4 Schnittlauch waschen, trocken tupfen und in Röllchen schneiden. Die Bratkartoffeln auf Küchenpapier entfetten, mit Salz, Pfeffer und nach Belieben mit Paprikapulver würzen und auf Teller verteilen. Soytziki darauf anrichten. Kürbiskerne und Schnittlauch darüber streuen und genießen.

Für 2 Personen • 30 Min. Zubereitung • Pro Portion ca. 480 kcal, 15 g E, 22 g F, 54 g KH

KARTOFFELSALAT »FRENCH STYLE«

KLASSIKER-UPDATE

450 g kleine Kartoffeln (Drillinge)
Salz
150 g TK-grüne Bohnen
1 kleine rote Zwiebel
1 Knoblauchzehe
2 EL körniger Senf
2 EL Weißweinessig
2 EL Olivenöl
2 TL Zucker
Pfeffer
125 g Kirschtomaten
50 g Rucola
30 g Walnusskerne

1 Kartoffeln waschen, in einem Topf mit leicht gesalzenem Wasser bedecken und zum Kochen bringen. Mit schräg aufgelegtem Deckel bei kleiner Hitze in ca. 15 Min. weich garen. TK-Bohnen in einem Topf mit 100 ml Wasser leicht gesalzenem Wasser aufkochen und zugedeckt ca. 5 Min. garen, dabei ab und an umrühren.

2 Zwiebel und Knoblauch schälen, fein würfeln. Beides mit Senf, Essig, Olivenöl und Zucker verrühren. Mit Salz und Pfeffer würzen. Bohnen in ein Sieb abgießen, kalt abschrecken und abtropfen lassen. Kartoffeln ebenfalls abgießen und etwas ausdampfen lassen.

3 Tomaten waschen, halbieren. Rucola verlesen, waschen und mit den Bohnen trocken schleudern. Nüsse grob hacken. Kartoffeln halbieren und mit dem Dressing vermengen, übrige Zutaten untermischen. Mit Salz und Pfeffer abschmecken und servieren.

Für 2 Personen • 40 Min. Zubereitung • Pro Portion ca. 644 kcal, 18 g E, 38 g F, 55 g KH

BLUMENKOHL-QUINOA-SALAT

FÜR GÄSTE

100 g bunte Quinoa
Salz
350 g Blumenkohl
2 EL Olivenöl
4 EL Zitronensaft
1 ½ TL Ras el Hanout
4 EL vegane Joghurtalternative Kokos
1 EL Tahin (Sesampaste)
2 TL Zucker
1 Knoblauchzehe
Pfeffer
½ Granatapfel
40 g Walnusskerne
4 Stängel Minze

1 Quinoa waschen, dann in 200 ml kochendem Salzwasser zugedeckt bei kleiner Hitze ca. 20 Min. garen, bis die Flüssigkeit verkocht ist. Ofen auf 220° vorheizen. Ein Backblech mit Backpapier auslegen.

2 Blumenkohl putzen, waschen und in kleine Röschen zerteilen. Diese mit Olivenöl, 1 EL Zitronensaft, 1 TL Ras el Hanout und etwas Salz vermischen, auf das Blech geben und im heißen Ofen (Mitte) in 25 Min. goldbraun backen, dabei nach 15 Min. einmal wenden.

3 Joghurt, Tahin, restlichen Zitronensaft, Zucker und übriges Ras el Hanout verrühren. Knoblauch schälen, dazupressen. Dressing mit Salz und Pfeffer würzen. Granatapfelkerne auslösen.

4 Walnusskerne hacken, Minze waschen und die Blättchen abzupfen. Blumenkohl salzen und pfeffern. Quinoa auf Schalen verteilen, mit Dressing beträufeln. Übrige Zutaten darauf anrichten.

HIRSEPUFFER MIT GUACAMOLE UND TOMATEN-MAIS-SALSA

MEXIKANISCH

Für 2 Personen • 45 Min. Zubereitung • Pro Portion ca. xx kcal, xx g E, xx g F, xx g KH

200 g Hirse
Salz
200 g Kirschtomaten
1 kleine Dose Mais (140 g Abtropfgewicht)
1 Bund Koriandergrün
1 rote Zwiebel
3 EL Limettensaft
2 TL Zucker
1 TL Cayennepfeffer
Pfeffer
150 g Möhren
1 EL körniger Senf
Öl zum Braten
150 g Guacamole (aus dem Kühlregal)

1 Sämtliche Zutaten bereitstellen (Bild 1). Die Hirse in einem Sieb mit kaltem Wasser waschen und abtropfen lassen (Bild 2). Danach in einem Topf mit 400 ml leicht gesalzenem Wasser zum Kochen bringen. 5 Min. offen leise kochen, dann zugedeckt auf niedrigster Stufe in 10 Min. gar ziehen lassen.

2 In der Zwischenzeit die Tomaten waschen und vierteln. Mais abtropfen lassen. Das Koriandergrün waschen und trocken schütteln, die Blättchen abzupfen. Die Zwiebel schälen und fein würfeln. Tomaten, Mais, 2 EL Zwiebelwürfel und Koriandergrün mit 2 EL Limettensaft, 1 TL Zucker und ½ TL Cayennepfeffer in einer Schale mischen (Bild 3). Mit Salz und Pfeffer würzen.

3 Die Hirse am Ende der Garzeit vom Herd nehmen, weitere 5 Min. quellen lassen. Währenddessen die Möhren schälen und fein raspeln. Etwas Flüssigkeit herausdrücken. In einer Schüssel Hirse, Möhrenraspel und restliche Zwiebelwürfel mit Senf, ½ TL Cayennepfeffer, 1 EL Limettensaft und 1 TL Zucker gründlich mischen. Mit Salz und Pfeffer würzen. Aus der Masse mit befeuchteten Händen 10 flache Puffer formen (Bild 4).

4 Die Puffer in zwei Portionen braten. Hierzu 2 EL Öl in einer großen beschichteten Pfanne erhitzen und fünf Puffer darin in 6–8 Min. von beiden Seiten goldbraun braten. Zwischendurch einmal wenden. Fertige Hirsepuffer auf Küchenpapier abtropfen lassen (Bild 5). Inzwischen die zweite Portion braten, dafür noch etwas Öl in die Pfanne geben.

5 Die Hirsepuffer auf Teller verteilen, je einen Klecks Guacamole daraufgeben und die Salsa dazu anrichten (Bild 6).

SOULFOOD

Für 4 Personen • 30 Min. Zubereitung • Pro Portion ca. 460 kcal, 9 g E, 17 g F, 64 g KH

MINI-TOSTADAS MIT MANGO-SALSA

MEXIKANISCH

200 g Mangofruchtfleisch
1 Frühlingszwiebel
4 EL Limettensaft
1 TL Zucker
Salz
Pfeffer
Cayennepfeffer (nach Belieben)
250 g Rotkohl
1 EL Öl
3 große Weizentortillas (ca. 300 g)
Öl zum Frittieren
4 EL vegane Mayonnaise
125 g Blattsalat-Mix
4 EL eingelegte Jalapeño-Ringe (nach Belieben)

1 Für die Salsa die Mango fein würfeln. Frühlingszwiebel waschen, putzen und samt frischem Grün in feine Ringe schneiden. Beides mit 1 EL Limettensaft und ½ TL Zucker verrühren sowie mit Salz, Pfeffer und nach Belieben etwas Cayennepfeffer leicht scharf abschmecken. Rotkohl waschen, fein hobeln, mit übrigem Limettensaft und Zucker sowie 1 EL Öl vermischen, salzen und pfeffern.

2 Den Backofen auf 80° vorheizen. Tortillas vierteln und mehrfach mit einer Gabel einstechen. In einem Topf 4 cm hoch Öl erhitzen, Tortillas darin bei nicht zu großer Hitze in ca. 1 Min. goldbraun frittieren, dabei mit der Schaumkelle etwas nach unten drücken und einmal wenden. Auf Küchenpapier entfetten, im Ofen warmhalten.

3 Tostadas mit Mayo bestreichen, etwas Salatmix, Rotkohl und Salsa darauf verteilen. Nach Wunsch mit Jalapeños garnieren.

Für 4 Personen • 20 Min. Zubereitung • 20 Min. Backen • Pro Portion ca. 365 kcal, 10 g E, 25 g F, 27 g KH

FLAMMKUCHEN-STICKS

KNUSPRIG

1 EL Öl
100 g Räuchertofu
3 EL Teriyaki-Sauce
1 TL edelsüßes Paprikapulver
Salz
Pfeffer
1 rote Zwiebel
1 Pck. veganer Blätterteig (280 g; aus dem Kühlregal)
70 g vegane Frischkäsealternative
1 TL Kümmel
2 EL Sojaghurt
1 EL Sesam
½ TL Schwarzkümmel

1 Das Öl in einer Pfanne erhitzen. Den Tofu sehr fein würfeln und im heißen Öl in ca. 5 Min. rundherum knusprig braun braten. Mit Teriyaki-Sauce ablöschen, Paprikapulver unterrühren, mit Salz und Pfeffer abschmecken. Die Zwiebel schälen und fein würfeln.

2 Den Blätterteig entrollen, behutsam etwas größer ziehen und über die gesamte Fläche gleichmäßig mit einer Gabel einstechen. Eine Hälfte der Längsseite mit Frischkäse bestreichen und mit dem Kümmel bestreuen, dann die Zwiebel- und Tofuwürfel darauf verteilen. Die unbestrichene Hälfte darüberklappen und gut andrücken.

3 Den Backofen auf 200° vorheizen. Ein Backblech mit Backpapier belegen. Den Teig in 16 Streifen schneiden, mit Sojaghurt bestreichen und mit Sesam sowie Schwarzkümmel bestreuen. Die Streifen jeweils zweimal in sich verdrehen und auf das Blech legen. Im vorgeheizten Ofen (Mitte) in ca. 20 Min. goldbraun backen.

Für 4 Personen • 10 Min. Zubereitung • 30 Min. Backen • Pro Portion ca. 125 kcal, 4 g E, 7 g F, 14 g KH

KÜRBIS-PAPRIKA-DIP

GUT VORZUBEREITEN

1 rote Paprika • 250 g Hokkaidokürbis (geputzt gewogen) • 1 EL Öl • 1 Knoblauchzehe • 2 EL Erdnussmus • 2 EL Zitronensaft • 1 TL edelsüßes Paprikapulver • 1 Prise Zucker • Salz • Pfeffer • Cayennepfeffer (nach Belieben)

1 Backofen auf 200° vorheizen. Paprika waschen, halbieren, Stielansatz, weiße Trennwände und Kerne entfernen. Paprikahälften und Kürbis würfeln. Beides mit dem Öl in einer hitzefesten Form mischen und im heißen Ofen (Mitte) in ca. 30 Min. weich garen und leicht anbräunen.

2 Gemüse aus dem Ofen nehmen und etwas abkühlen lassen. Knoblauch schälen, grob würfeln. Alles in einem hohen Becher zusammen mit dem Erdnussmus, Zitronensaft, Paprikapulver, Zucker sowie etwas Salz und Pfeffer pürieren. Dip nach Belieben mit etwas Cayennepfeffer abschmecken und lauwarm oder kalt servieren.

Für 4 Personen • 15 Min. Zubereitung • 24 Std. Abtropfen • Pro Portion ca. 150 kcal, 6 g E, 6 g F, 16 g KH

LABNEH MIT DATTELN

ORIENTALISCH

500 g Sojaghurt • 6 Datteln (entsteint) • 1 ½ EL Zitronensaft • 1 EL Olivenöl • 1 Knoblauchzehe • 2 Prisen Zimtpulver • 1 Prise gemahlener Kreuzkümmel • 1 Prise Zucker • Salz • Pfeffer • 2 EL Zwiebel-Chutney bzw. -Confit

1 Am Vortag ein Sieb über einen Topf hängen und mit einem sauberen Geschirrtuch auslegen. Sojaghurt einfüllen und mit dem Tuch abdecken, dann mit einem Teller beschweren, in den Kühlschrank stellen und ca. 24 Std. abtropfen lassen.

2 Am nächsten Tag den abgetropften Sojaghurt in eine Schüssel umfüllen. Die Datteln sehr fein hacken, mit Zitronensaft und Öl untermischen. Knoblauch schälen, dazupressen. Zimtpulver, Kreuzkümmel und 1 Prise Zucker unterrühren, mit Salz und Pfeffer abschmecken. Den Dip mit Zwiebel-Chutney bzw. -Confit beträufeln.

Für 4 Personen • 10 Min. Zubereitung • 30 Min. Backen • Pro Portion ca. 165 kcal, 4 g E, 11 g F, 11 g KH

ROASTED-JALAPEÑO-HUMMUS

FÜRS BUFFET

2 Jalapeño-Schoten (rot und grün) • 3 El Olivenöl • Salz • 225 g schwarze Bohnen (aus der Dose) • 1 Knoblauchzehe • 3 EL Limettensaft • 1 EL Tahin (Sesampaste) • 1 TL Zucker • ½ TL gemahlener Kreuzkümmel • 1 TL edelsüßes Paprikapulver • 30 g Crushed Ice (nach Belieben) • Pfeffer

1 Backofen auf 200° vorheizen. Jalapeños waschen, trocken tupfen. In einer kleinen Auflaufform mit 1 EL Öl beträufeln, salzen und im Ofen (Mitte) ca. 30 Min. backen, bis sie leicht gebräunt sind. Dann herausnehmen und die Stiele ablösen. Bohnen in ein Sieb abgießen, kalt abspülen und abtropfen lassen. Knoblauch schälen.

2 Abgetropfte Bohnen und Jalapeños in einen hohen Rührbecher geben. Limettensaft, Tahin, Zucker, Kreuzkümmel, Paprikapulver und nach Belieben Eis hinzufügen und alles fein pürieren. Hummus mit Salz und Pfeffer abschmecken.

Für 4 Personen • 10 Min. Zubereitung • Pro Portion ca. 145 kcal, 2 g E, 13 g F, 3 g KH

RUCOLA-GUACAMOLE MIT HASELNÜSSEN

KLASSIKER-UPDATE

1 Avocado • 1 Knoblauchzehe • 3 EL Limettensaft • ½ TL gemahlener Kreuzkümmel • 1 Prise Cayennepfeffer (nach Belieben) • Salz • Pfeffer • 1 Prise Zucker • 1 kleines Bund Koriandergrün • 50 g Rucola • 2 EL Haselnussblättchen

1 Avocado halbieren, entkernen und schälen. Das Fruchtfleisch in eine kleine Schüssel geben. Knoblauch schälen und dazupressen. Limettensaft, Kreuzkümmel und nach Belieben Cayennepfeffer hinzufügen. Alles mit einer Gabel fein zerdrücken. Mit Salz, Pfeffer und Zucker würzen.

2 Koriandergrün und Rucola waschen und trocken tupfen, beides samt Stielen fein hacken, 1 EL für die Deko abnehmen. Den Rest unter die Guacamole heben. Mit Salz und Pfeffer abschmecken. Haselnussblättchen in einer Pfanne ohne Fett hellbraun rösten. Mit übrigem Rucola-Koriander-Mix über die Guacamole streuen.

PULLED MUSHROOM POUTINE

FÜR GÄSTE

Für 4 Personen • 1 Std. Zubereitung. • Pro Portion ca. 755 kcal, 13 g E, 56 g F, 47 g KH

800 g festkochende Kartoffeln (z. B. Nicola)
4 EL Branntwein-Essig
2 kg Frittierfett
600 g Kräuterseitlinge
1 rote Zwiebel
2 EL Öl
80 ml Sojasauce
125 g vegane Barbecue-Sauce
Salz
Pfeffer
2 Frühlingszwiebeln
1 TL edelsüßes Paprikapulver

GUT ZU WISSEN
Nicht ganz so knusprig, aber ebenso lecker werden die Pommes aus dem Ofen. So spart man sich das Frittieren. Die vorgekochten und getrockneten Pommes einfach auf einem mit Backpapier ausgelegten Blech mit 4 EL Öl mischen. Bei 200° in 25–30 Min. knusprig braun backen.

1 Sämtliche Zutaten bereitlegen (Bild 1). Kartoffeln mitsamt der Schale waschen, trocken tupfen und in Stifte schneiden (Bild 2). In einem großen Topf 2,5 l Wasser aufkochen. Essig und Kartoffelstifte hinzufügen und ca. 8 Min. sprudelnd kochen. Anschließend die Kartoffeln in ein Sieb abgießen, abtropfen und danach auf Küchenpapier trocknen lassen.

2 Das Fett in einem großen Topf erhitzen. Sobald an einem in das heiße Fett gehaltenen Holzspieß sofort Bläschen aufsteigen, ist die richtige Temperatur erreicht. Kartoffelstifte darin portionsweise je ca. 3 Min. frittieren. Dann herausnehmen, auf Küchenpapier entfetten und 30 Min. darauf ruhen lassen.

3 Die Kräuterseitlinge mit einer Gabel in feine Streifen zupfen (Bild 3). Zwiebel schälen, fein würfeln. In einer großen Pfanne das Öl erhitzen, die Pilzstreifen und Zwiebelwürfel darin ca. 10 Min. anbraten, bis alles rundherum leicht gebräunt ist. Sojasauce angießen und einkochen lassen, dann die Pilze mit der Barbecue-Sauce überziehen und diese ebenfalls etwas einkochen lassen (Bild 4). Mit Salz und Pfeffer kräftig würzen.

4 Den Backofen auf 80° vorheizen. Das Fett erneut erhitzen. Pommes darin portionsweise ca. 4 Min. frittieren, bis sie knusprig und leicht gebräunt sind. Fertige Pommes herausheben, kurz auf Küchenpapier entfetten und im Backofen warmhalten.

5 Frühlingszwiebeln putzen, waschen und in feine Ringe schneiden. Pommes mit Salz und Paprikapulver würzen (Bild 5), auf Teller verteilen. Pulled Mushrooms darauf anrichten. Mit den Frühlingszwiebeln bestreuen und servieren (Bild 6).

Für 4 Personen • 20 Min. Zubereitung • 1 Std. Kühlen • Pro Portion ca. 380 kcal, 9 g E, 14 g F, 53 g KH

VEGAN COOKIE DOUGH

GUT VORZUBEREITEN

220 g gegarte Kichererbsen (aus dem Beutel)
6 El blütenzarte Haferflocken
50 g Cashew-Mus
3 EL Ahornsirup
4 El Rohrohrzucker
50 ml Mandeldrink
2 TL Vanilleextrakt
2 Prisen Zimtpulver
Salz
2 EL gebrannte Mandeln
50 g dunkle Schokotropfen

1 Kichererbsen abtropfen lassen. Eine Schüssel mit warmem Wasser füllen. Die Kichererbsen hineingeben und zwischen den Händen aneinanderreiben, bis sich die äußeren Häutchen lösen. Zwischendurch mit der Hand einen Wasserwirbel erzeugen und die oben schwimmenden Häutchen mit einem Schaumlöffel abschöpfen. Danach die Kichererbsen zurück in das Sieb geben und abtropfen lassen, dabei eventuell noch sichtbare gelöste Häutchen entfernen.

2 Die Haferflocken im Blitzhacker fein zermahlen. Kichererbsen, Cashew-Mus, Ahornsirup, Rohrzucker, Mandeldrink, Vanilleextrakt, Zimtpulver und 2 Prisen Salz hinzufügen und alles kräftig durchmixen. Dann 5 Min. quellen lassen und erneut durchmixen. Cookie Dough mit Salz abschmecken und mindestens 1 Std. kühl stellen.

3 Mandeln fein hacken, mit den Schokotropfen unter den Cookie Dough mischen. Sofort servieren. Schmeckt auch als Brotaufstrich.

Für 4 Personen • 10 Min. Zubereitung • 1 Std. Kühlen • Pro Portion ca. 365 kcal, 7 g E, 21 g F, 42 g KH

KEY-LIME-PIE IM GLAS

ERFRISCHEND

4 Bio-Limetten
280 g vegane Frischkäsealternative
150 g vegane Skyralternative
6 EL Zucker
100 g vegane Kekse (z. B. Zitronenkekse)
⅓ TL Agar-Agar
2 Minzeblätter

1 Limetten heiß waschen und abtrocknen. Die Schale abreiben, den Saft auspressen. Frischkäse und Skyr in einer Schüssel mit 4 EL Zucker, 4 EL Limettensaft und der Hälfte der Limettenschale verrühren.

2 Die Kekse grob zerbröckeln und auf vier Dessertgläser verteilen. Die Frischkäsecreme daraufgeben. Restlichen Limettensaft (4 EL) mit 2 EL Zucker und Agar-Agar in einem Topf erhitzen und lauwarm abkühlen lassen. Das abgekühlte Gelee über die Creme träufeln und alles zugedeckt ca. 1 Std. in den Kühlschrank stellen.

3 Zum Servieren Minzeblätter waschen, trocken tupfen und fein hacken, dann mit dem übrigen Zucker verreiben. Übrige Limettenschale untermischen. Die Desserts aus dem Kühlschrank nehmen, mit Limetten-Minze-Zucker bestreuen, sofort servieren.

Für 16 Stück • 30 Min. Zubereitung • 1 Std. 30 Min. Gehen • 30 Min. Backen • 30 Min. Abkühlen • Pro Portion ca. 435 kcal, 7 g E, 20 g F, 56 g KH

CINNAMON-PECANNUT-ROLLS

FÜR GÄSTE

250 g vegane Margarine
450 ml Sojadrink
200 g Rohrohrzucker
1 Pck. Bourbon-Vanillezucker
Salz
21 g frische Hefe (½ Würfel)
750 g Weizenmehl (Type 550)
150 g Pekannusskerne
2 EL Zimtpulver
125 g Puderzucker
1 EL Zitronensaft

AUSSERDEM
2 Kuchenformen à 26 cm ∅ (ersatzweise 1 Auflaufform mit ca. 35 × 30 cm)

1 In einem Topf 100 g Margarine schmelzen, den Sojadrink dazugießen und lauwarm erwärmen. Beides in einer großen Schüssel mit 50 g Rohrzucker, dem Vanillezucker und 1 TL Salz verrrühren. Die Hefe zerbröckeln und darin auflösen. Dann nach und nach mit 650 g Mehl zu einem glatten Teig verkneten. Zugedeckt an einem warmen Ort ca. 1 Std. gehen lassen.

2 Die Nüsse recht fein hacken. 50 g Mehl auf die Arbeitsfläche streuen, den Rest über den aufgegangenen Teig. Diesen etwas durchkneten, dann zu einem Rechteck von ca. 40 × 50 cm ausrollen. Den Teig zunächst mit 100 g zimmerwarmer Margarine bestreichen, leicht salzen. Dann nacheinander gleichmäßig mit 150 g Rohrzucker, Zimt und gehackten Nüssen bestreuen.

3 Den Teig von der Längsseite her vorsichtig aufrollen und in 16 Scheiben schneiden. Formen mit übriger Margarine einfetten und mit den Teigschnecken auslegen, die Schnittfläche weist nach oben. Zugedeckt nochmals 30 Min. gehen lassen.

4 In der Zwischenzeit den Backofen auf 180° vorheizen. Die Schnecken nach der Gehzeit im heißen Ofen (Mitte) ca. 25 Min. backen, bis die Oberfläche gut gebräunt ist. Anschließend herausnehmen und in der Form abkühlen lassen.

5 Puderzucker in einer Schüssel mit dem Zitronensaft verrühren. Dann tropfenweise Wasser dazugeben, bis ein dickflüssiger Zuckerguss entstanden ist. Den Guss in Streifen über die Cinnamon-Pecannut-Rolls träufeln und fest werden lassen.

REGISTER

Abkürzungsverzeichnis:
E = Eiweiß
EL = Esslöffel (gestrichen)
F = Fett
kcal = Kilokalorien
KH = Kohlenhydrate
Msp. = Messerspitze
Pck. = Päckchen
TK = Tiefkühl
TL = Teelöffel (gestrichen)
Ø = Durchmesser

LIEBE LESERINNEN UND LESER,

wir wollen Ihnen mit diesem Buch Informationen und Anregungen geben, um Ihnen das Leben zu erleichtern oder Sie zu inspirieren, Neues auszuprobieren. Wir achten bei der Erstellung unserer Bücher auf Aktualität und stellen höchste Ansprüche an Inhalt und Gestaltung. Alle Anleitungen und Rezepte werden von unseren Autoren, jeweils Experten auf ihren Gebieten, gewissenhaft erstellt und von unseren Redakteur*innen mit größter Sorgfalt ausgewählt und geprüft.

Haben wir Ihre Erwartungen erfüllt? Sind Sie mit diesem Buch und seinen Inhalten zufrieden? Wir freuen uns auf Ihre Rückmeldung. Und wir freuen uns, wenn Sie diesen Titel weiterempfehlen, in Ihrem Freundeskreis oder bei Ihrem Online-Kauf.

Sollten wir Ihre Erwartungen so gar nicht erfüllt haben, tauschen wir Ihnen Ihr Buch jederzeit gegen ein gleichwertiges zum gleichen oder ähnlichen Thema um.

KONTAKT ZUM LESERSERVICE

GRÄFE UND UNZER VERLAG
Grillparzerstraße 12
81675 München
www.gu.de

IMPRESSUM

GU ist eine eingetragene Marke der GRÄFE UND UNZER VERLAG GmbH, www.gu.de

ISBN 978-3-8338-8254-8
1. Auflage 2022

Projektleitung: Sabine Sälzer
Lektorat: Dr. Stefanie Gronau
Korrektorat: Anne-Sophie Zähringer
Gesamtgestaltung: independent Medien-Design, München
Umschlaggestaltung: ki36 Editorial Design, Sabine Krohberger, München
Herstellung: Linda Wiederrecht
Satz: Eberl & Koesel Studio GmbH
Reproduktion: medienprinzen GmbH
Druck und Bindung: Firmengruppe APPL, aprinta druck, Wemding
Printed in Germany

GRÄFE UND UNZER

Ein Unternehmen der
GANSKE VERLAGSGRUPPE

DER AUTOR

Martin Kintrup arbeitet als Autor und Redakteur für mehrere Verlage und hat schon zahlreiche erfolgreiche Kochbücher geschrieben. Mit seinen ideenreichen und zeitgemäßen Vegan-Rezepten bringt er frischen Wind in die Studiküche.

DIE FOTOGRAFIN

Coco Lang fotografiert Food und Stills in ihrem Werkstattstudio direkt am Münchner Viktualienmarkt. Die Fotos für dieses Buch hat sie gemeinsam mit Nils Lichtenberg (Foodstyling) stimmungsvoll in Szene gesetzt.

Bildnachweis:
photisserie, Kathrin Koschitzki: Cover
Food & Nude Photography: S. 04 Autorenfoto
Coco Lang: alle anderen Fotos

Umwelthinweis:

Nachhaltigkeit ist uns sehr wichtig. Der Rohstoff Papier ist in der Buchproduktion hierfür von entscheidender Bedeutung. Daher ist dieses Buch auf PEFC-zertifiziertem Papier gedruckt. PEFC garantiert, dass ökologische, soziale und ökonomische Aspekte in der Verarbeitungskette unabhängig überwacht werden und lückenlos nachvollziehbar sind.

Syndication: www.seasons.agency

Die GU-Homepage finden Sie unter www.gu.de

DIE »GU KOCHEN PLUS«-APP

1 APP HERUNTERLADEN

Laden Sie die kostenlose »GU Kochen Plus«-App im Apple App Store oder im Google Play Store auf Ihr Smartphone. Starten Sie die App und wählen Sie Ihren Küchenratgeber aus.

2 REZEPTBILD SCANNEN

Scannen Sie das gewünschte Rezeptbild mit der Kamera Ihres Smartphones. Klicken Sie im Display die Funktion Ihrer Wahl.

3 FUNKTIONEN NUTZEN

Sammeln Sie Ihre Lieblingsrezepte. Speichern und verschicken Sie Ihre Einkaufslisten. Oder nutzen Sie den praktischen Supermarkt-Finder und den Rezept-Planer.

APPETIT AUF MEHR?

ISBN 978-3-8338-8016-2

ISBN 978-3-8338-8018-6

ISBN 978-3-8338-7302-7

ISBN 978-3-8338-7744-5

ISBN 978-3-8338-7080-4

ISBN 978-3-8338-7570-0

Alle hier vorgestellten Bücher sind auch als eBook erhältlich.

G|U

Mehr von GU auf **www.gu.de** und **facebook.com/gu.verlag**